L'ÉTOILE
DE L'AN 2000

Données de catalogage avant publication (Canada)

Boisvert, Nicole M.-, 1941

L'Étoile de l'an 2000
(Collection Plus)
Pour enfants de 7 ans et plus.
ISBN 2-89428-371-4
I. Titre.

PS8553.O467M56 1999   jC843'.54   C99-940194-7
PS9553.O467M56 1999
PZ23.B64Mi 1999

L'éditeur a tenu à respecter les particularités linguistiques des auteurs qui viennent de toutes les régions de la francophonie. Cette variété constitue une grande richesse pour la collection.

Directrice de collection : **Françoise Ligier**
Maquette de la couverture : **Marie-France Leroux**
Mise en page : **Lucie Coulombe**

Les Éditions Hurtubise HMH bénéficient du soutien des institutions suivantes :
– Conseil des Arts du Canada.
– Programme d'aide au développement de l'industrie de l'édition.
– Société de développement des entreprises culturelles au
  Québec.

© Copyright 1999
Éditions Hurtubise HMH
1815, avenue De Lorimier
Montréal (Québec) H2K 3W6 CANADA
Téléphone : (514) 523-1523

ISBN 2-89428-371-4

Dépôt légal/3ᵉ trimestre 1999
Bibliothèque nationale du Québec
Bibliothèque nationale du Canada

Imprimé au Canada

L'ÉTOILE DE L'AN 2000

Nicole M.-Boisvert

Illustré par
Barroux

Collection Plus
dirigée par Françoise Ligier

Nicole M.-BOISVERT participe activement, depuis plus de vingt-cinq ans, au développement de l'industrie québécoise et canadienne de l'audiovisuel. Tour à tour productrice de longs et de courts-métrages, de séries télévisées et de documentaires, elle a aussi été très active dans la distribution des films et dans l'élaboration des structures d'aide au cinéma d'ici. Elle a présidé la Société générale du cinéma du Québec (devenue la SODEC).

Depuis quelques années, Nicole travaille comme consultante indépendante.

Et dans ses piles de papiers naissent des idées, vite griffonnées, raturées, perdues et retrouvées qui deviennent souvent de beaux romans pour les jeunes. L'*Étoile de l'an* 2000 est son septième roman publié.

BARROUX l'illustrateur, a choisi de graver chaque image sur une plaque de linogravure pour nous faire apprécier ses beaux contrastes de noir et de blanc. Il nous entraine dans la galaxie avec humour et poésie. Barroux a étudié le graphisme à Paris. Il a illustré aussi, dans la collection Plus, *Les moutons disent non!*, de Johanne Barrette.

1

En mer

 **À l'ouest, le soleil plonge. Plouf! La nuit tombe. Boum!** Le vent souffle... **Clac!** fait la grand-voile.

Sur Planète Terre, une fête se prépare. Tommi est heureux. Il embrasse Évelyne, sa tortue.

Dans quelques minutes, les lumières de l'île d'en face clignoteront. Et c'est tant mieux, car elles guideront la course du voilier.

À bord, ils ne sont que deux. Agnès, capitaine, et Tommi, son fils de huit ans, matelot.

Au signal, le jeune marin décroche l'ancre. Les voiles se gonflent. Le bateau glisse sur la mer lisse.

À cette minute même, dans le monde entier, des hommes, des femmes et des enfants s'agitent. Ils enveloppent des cadeaux. La vieille année s'achève. À minuit tapant, l'an 2000 arrive.

Youpi !

— Maman, dans combien de temps on accostera dans l'île de Papa ?

— Si le vent tient bon, et si ta bonne étoile y met du sien, tu seras dans les bras de ton père avant le premier tic tac de la nouvelle année.

— **Fiou !** Pourquoi Papa n'est-il pas venu nous voir en avion comme d'habitude ?

— Parce que son vol a été annulé, et que tous les avions étaient pleins.

— Heureusement qu'on aime le grand large, hein Maman !

— Oui, tu verras, la nuit du changement de millénaire n'est pas plus étrange que les autres nuits. Oublie les histoires de tes copains qui veulent te faire peur. Et si tu te reposais un peu, maintenant ?

— Pourquoi ? Je n'ai pas une goutte de sommeil dans les yeux.

— Allez, mon homme ! Allonge-toi sur la banquette du cockpit. Sinon, tu ne pourras pas tenir toute la nuit avec Papa et nos amis.

— Si je fais semblant de dormir, est-ce que ça compte quand même ?

— Si je t'entends rêver, ça compte.

— **Yéé !**

Sa tortue sur le ventre, Tommi pose la tête sur un coussin. Le ciel s'allume.

Les premières étoiles piquent déjà une pointe pour espionner les Terriens.

— Regarde, Évelyne, ce sont les éclaireuses.

Évelyne préfère se laisser bercer par la houle. Elle rentre la tête dans sa carapace.

— Maman ?

— Dors, Tommi.

— Maman ! Je veux juste savoir comment reconnaître ma bonne étoile.

Agnès sourit.

— Facile, Tom. Tu n'as qu'à chercher une étoile délurée. La tienne l'est sûrement.

— Maman ! Est-ce qu'elle a un nom, ma bonne étoile ?

— Toutes les bonnes étoiles ont un nom. Rêve maintenant.

2

Une bonne étoile

Tommi dort d'un œil. De l'autre, il sonde la voûte céleste. Pas le moindre nuage à l'horizon. Certaines étoiles s'amusent à faire des clins d'œil aux Terriens. D'autres tremblotent. On pourrait croire qu'elles envoient des messages codés au jeune matelot.

Ça bouge plus que d'habitude là-haut, constate Tommi. Des étoiles se marchent sur la pointe les unes des autres.

Tout à coup, le ciel change. Une traînée de lumière file à grande vitesse. Elle double une planète, passe au nez d'une constellation puis... **zoom** devant la Voie lactée.

«Serait-ce ma bonne étoile?» se demande Tommi. Il doute. Comme tant d'autres enfants dans le monde, peut-être est-il né sans bonne étoile?

Le point lumineux s'approche de plus en plus de la Terre. «On dirait une championne-étoile! Il se pourrait bien que ce soit elle après tout», murmure-t-il.

— Regarde, Maman! J'ai trouvé ma bonne étoile! Là! Celle qui fait la nique à tout le monde!

Agnès lève les yeux. Aussitôt, son visage s'assombrit. Mauvaise nouvelle pour Tommi. La lumière en mouvement n'est autre que le feu blanc d'un avion.

Tommi est déçu. Très, très, très déçu.

— Maman! Crois-tu qu'avec les lunettes d'approche je la trouverai plus facilement, ma bonne étoile?

— Hum!... peut-être, fiston!... Essaie!

Sitôt dit, le jeune marin se colle les lunettes aux yeux. Épouvantable ce qu'il voit! L'horizon qui monte, et l'horizon qui descend. Le ciel tourne.

Plus le voilier tangue, plus les étoiles basculent. Se pourrait-il que les étoiles se chamaillent?

En fait, ce n'est pas une illusion. Là-haut, les étoiles chahutent bel et bien. Chaque 31 décembre, bon an mal an, elles tiennent leur congrès. Et c'est au cours de cette nuit-là qu'elles décident de leurs actions pour la nouvelle année.

Généralement, une pagaille monstre règne. Les fins de siècle, c'est pire. Parfois, cela tourne au désastre. Les étoiles paniquent. Elles craignent de disparaître. Une vieille peur venue de la nuit des temps.

3

Un congrès houleux

La cheftaine des étoiles s'appelle Stella. Tant bien que mal, elle tente de mettre de l'ordre dans l'assemblée. Rien n'y fait.

Un amas d'étoiles s'entrecroisent le rayon. D'autres, avec leur faisceau, s'aveuglent. Il y en a même, des grosses, qui poussent les petites au bord des trous noirs.

— Pour l'amour du ciel, calmez-vous, étoiles! hurle Stella.

Le brouhaha continue. Certaines étoiles bleues font des jambettes* aux jaunes qui, elles, deviennent rouges de colère. Et même de vieilles étoiles déjà mortes laissent traîner leurs traces n'importe où, rien que pour embêter le monde.

Cheftaine Stella, chargée à bloc, se fâche. Elle frappe sa table de fer avec un morceau de météorite. Sa voix résonne dans la galaxie.

— Stoooppppppppp!

Les étoiles blêmissent. Sauf l'une d'elles : Espiègle, une jeunette, rieuse et curieuse. Le congrès l'ennuie. Elle irait volontiers jouer aux anneaux du côté de Saturne.

* croche-pieds ou crocs-en-jambe.

Une chose pourtant la passionne : écornifler sur Terre, son passe-temps favori.

Voir les Terriens courir après le temps. Les voir se bécoter ou se bouffer le nez, naviguer ou grimper dans le ciel avec leurs fusées. Il arrive même qu'Espiègle capte leurs rêves au passage, histoire de rigoler.

Ce soir, quelle barbe ! Au ciel, personne ne s'amuse. Les étoiles doivent voter. Pour ou contre la suggestion d'Étoile Noire. Dur, dur.

Espiègle rit jaune. Les idées noires d'Étoile Noire, toute vêtue de noir, ne lui plaisent pas du tout. Alors, pas du tout ! Pas plus qu'à certains adultes-stars d'ailleurs, qui parlent à tue-tête ou se crêpent la pointe. Le tapage continue.

Soudain, au signal de Stella, un coup de cymbales retentit.

Un silence glacial s'installe.

La parole est donnée à Étoile Noire, debout devant l'assemblée. Elle empoigne le micro, déterminée à convaincre les stars et les starlettes de voter pour son projet.

— Écoutez-la, crient des écervelées qui lancent de la poussière d'étoiles à tout vent.

— Amis et amies célestes, clame enfin Étoile Noire, mon idée est simple. Elle vous plaira. Il s'agit de nettoyer notre ciel de tous les satellites et de tous les débris de satellites qui encombrent notre paysage. Ces trucs-là, une invention des Terriens, empoisonnent notre atmosphère. Que ceux et celles qui sont d'accord avec moi lèvent la main.

Des **Oh !** et des **Ah !** courent dans la voûte céleste.

Étoile Noire poursuit :

— Un ménage parmi les sondes voyageuses est urgent. Balançons tout par-dessus bord. Faisons maison nette. Retrouvons notre ciel d'antan. Punissons ces pollueurs de Terriens. À minuit ce soir, éteignons-nous. Laissons-les dans le noir pendant un siècle. Ça leur apprendra !

— **Ouah ! oh ! ah !**

L'idée fait des flammèches. L'ambiance est électrique. Et même de gros nuages se mettent en boule.

— Oui, oui, punissons les Terriens ! scande un groupe d'étoiles.

— Non, non, riposte un autre groupe. Nous aimons les humains.

Bientôt, ils voleront jusqu'à nous.
Enfin, nous aurons de la visite !

4

Indécision

Dans les replis du ciel, les étoiles discutent entre elles. Espiègle est inquiète. Elle aime la Planète bleue. D'ailleurs, son rêve le plus cher est d'aller se promener sur Terre. Quand elle sera grande, a dit Stella... ce qui veut dire dans une éternité !

Dans son coin, Étoile Noire bout. Elle croyait avoir convaincu l'assemblée. Fâchée, elle menace.

— Éteignons-nous, stars et starlettes. Les humains n'ont pas besoin
de nous. Les humains ne sont que
des envahisseurs! Éteignons-nous...
sinon... sinon... j'explose!

Horreur! Les étoiles ont peur des
explosions qui font toujours des
dégâts.

Espiègle réfléchit à la vitesse de la
lumière. Elle irradie. Toutes les têtes
se tournent vers celle qui se prépare
à affronter la Noire.

— Pas si vite! Étoile Noire!
Retiens ta frappe. N'éclate pas tout
de suite. Allons au belvédère. Allons
d'abord jeter un coup d'œil à Planète
Terre.

Stella en tête, les étoiles s'appuient
à la balustrade. Dans le gouffre, la

Terre tourne doucement. Espiègle se fait convaincante :

— Regardez comme Terre est belle. Voyez comme elle serait triste sans nos scintillements.

Étoile Noire gronde. Une colère noire monte dans ses pointes. La voilà qui déverse sa bile :

— Ce que dit Espiègle est faux ! Regardez les villes des Terriens. Elles sont pleines de lumière : des néons, des feux de circulation, des feux de joie, des feux de paille. Et là ! Voyez les feux de forêts ! Voyez les éclairs ! En plus, dès minuit, les humains lanceront des feux de Bengale, des feux d'artifice. Voyez ! Les Terriens n'ont pas besoin de nous. Ils se moquent de nous.

Quelques étoiles applaudissent. Plusieurs verdissent, les jeunes, surtout. Les jeunes ne veulent pas s'éteindre, elles veulent vivre. Les jeunes veulent éclairer le monde.

Espiègle, vive et brillante, réfléchit tout haut.

— Attention, étoiles! Qu'arrivera-t-il sur terre et sur mer sans notre lumière? Pensez avant d'agir. Les navigateurs se perdront. Les astronomes seront au chômage. Qu'adviendra-t-il des tortues vertes? Comment retrouveront-elles leur lieu de naissance? Amis et amies, je vous le dis, cesser de briller n'est pas une bonne idée!

Comme les nuages, la rumeur roule. L'indécision flotte. Le temps passe. L'heure est grave.

Les étoiles se recueillent.

Soudain Espiègle étincelle en confiant à sa copine :

— Jamais je ne m'éteindrai. La vie dans le noir ne vaut pas la peine d'être vécue. Plutôt fuguer que de m'éteindre.

— Surtout ce soir, ajoute la copine. Ce serait chouette de descendre chez les humains. Les bulles de champagne pétillent déjà de l'autre côté de la Terre. Les serpentins volent.

— Ce serait **super-galactique**. Allons-y !

— C'est interdit, Espiègle.

— Ça m'est égal ! Regarde les océans, les moutons blancs, les paquebots et les jolis bateaux !

Espiègle enjambe la balustrade, prête à partir.

Deux coups de cymbales retentissent.

La petite sursaute, vacille et bascule presque dans le vide. À la dernière seconde, sa copine l'attrape par le fond de culotte.

— Espiègle! À quoi joues-tu? Tu vas t'attirer les foudres de Stella. Tu as entendu les cymbales? C'est l'heure du vote.

— Écoute!

— ...

— Écoutez! Attendez, Cheftaine! Venez, sœurs étoiles! Entendez-vous?

En quelques secondes, un cercle se forme autour d'Espiègle.

— On dirait une prière qui monte vers nous, déclare Stella. D'où cela peut-il bien venir?

— Peu importe, rouspète Étoile Noire. Nous n'avons aucun temps à consacrer aux lamentations de qui que ce soit.

Mais quelle n'est pas la surprise d'Espiègle de voir presque toute l'assemblée tourner le dos à Étoile Noire et se pencher vers la Terre.

5

La dernière
bonne action

— Bonne Étoile, au secours! Mon nom est Tommi. Je suis né le 28 avril 1992... m'aider Bonne Étoile!

Les étoiles aux yeux perçants fouillent terre et mer.

— Hé! Vous, là-haut! Dites-moi qui est ma bonne étoile? J'ai besoin d'elle. Vite! Le vent nous a abandonnés! Ma mère, mon voilier et moi avons besoin de vent, de beaucoup de vent. Je veux voir mon père...

Émues par cette voix d'enfant remplie de sanglots, les étoiles scrutent les océans.

Tout à coup, en suivant le chemin de lumière tracé par la lune, Espiègle distingue un voilier solitaire. Il flotte et ballotte, **flip** et **flop**, font les voiles dégonflées.

— **Chut!** fait Espiègle. Écoutez!

Les étoiles se taisent. Elles tendent la pointe. Un filet de voix d'enfant leur parvient.

— Tu m'avais promis, Maman. **Snif!** Papa sera tout seul, ce soir. **Snif!** C'est de ta faute! Tu aurais dû commander plus de vent!

— Tu sais fort bien, Tommi, que je ne peux pas commander le vent.

— Si, tu peux. Tu dis toujours «quand on veut, on peut».

— Avec le vent, c'est différent, mon ange. Il fait ce qu'il veut, le vent. Mais j'ai une idée : sifflons. Les marins, autrefois, disaient que siffler fait venir le vent.

Du haut des cieux, attendries, les étoiles entendent la mère et le fils siffler en chœur. Les regards se tournent vers Stella :

— Vous avez raison, dit-elle. Pourquoi ne ferait-on pas notre dernière bonne action de l'année? Que dis-je? Notre dernière bonne action du siècle et du millénaire? Qui a une suggestion?

— Moi! hurle Espiègle. Voilà ce que je propose...

Pendant ce temps, sur une mer d'huile, Tommi implore toujours le ciel.

Puis, à son grand étonnement, le firmament change d'aspect. Jamais de sa courte vie le garçon n'a vu autant d'étoiles filantes.

— Maman, je crois que les étoiles nous regardent.

— ...

— Maman ! Il y en a même une qui me parle. L'entends-tu ?

— ...

— Maman, elle s'appelle Espiègle. Elle dit de prendre la barre. Le vent arrive.

Perplexe, mais ne voulant pas contrarier son fils, Agnès agrippe la barre à deux mains.

L'air et le ciel changent. Sur la mer court une risée. Un nuage, gros comme une montagne, se déplace dans le ciel.

Tommi rit aux éclats. Il entend Espiègle donner des ordres :

— Poussez ! Poussez, les filles. Plus vite. Plus fort. Tommi a besoin de nous. Cheftaine l'a dit. C'est moi dorénavant qui suis sa bonne étoile. Je l'ai adopté. Allez, les filles ! Poussez-moi ce nuage à la fin !

Tout boursouflé, le nuage dérape. Espiègle le secoue, le remet sur la route du voilier.

— Hue ! Dia !

Le nuage noircit. De son centre, une soupape s'ouvre. Un souffle s'échappe. Plus bas, la mer se froisse.

Comme par enchantement, le vent encercle le petit voilier. Ses voiles happent la brise et... **hop**, le bateau s'élance.

Agnès, cramponnée à la roue, n'en croit ni ses yeux ni ses oreilles.

6

Galactique !

 **La nuit est devenue magique. Le vent souffle. Le bateau** double, triple son allure. Bientôt, le port de l'île d'en face est à portée de voix.

D'en haut, Espiègle surveille l'accostage. Minuit va sonner.

Tommi saute sur le quai, sa tortue dans sa poche.

Son père le soulève dans ses bras.

Dans les cieux, Stella donne le signal.

— Musique !

Au premier tic tac de l'an 2000, douze coups de cymbales résonnent dans le port.

— Bonne année, Tommi !

Le garçon tourne la tête.

— C'est toi qui as dit ça, Papa ?

— Je n'ai pas parlé, fiston.

Tommi lâche l'étreinte de son père.

— Tu n'as rien entendu ? Alors, c'est elle.

— Qui ça, elle ?

— Espiègle, ma bonne étoile, tiens !

— Ta bonne étoile !

— Bien sûr. J'en ai une maintenant, moi aussi !

— Ah bon! Alors, bonne année à toi et à Espiègle, mon Tommi!

Tommi regarde son père en biais.

— C'est curieux tout de même, toi et Maman vous n'entendez jamais rien!

Agnès caresse affectueusement son fils.

Une dernière fois, Tommi regarde le ciel. Le gros nuage noir a disparu. Les étoiles dansent.

— Bonne année, Espiègle! lance le garçon.

— Bonne année, Tommi. Je veille sur toi. Et j'ai un secret à te confier. Tu diras à tes amis que nous, les étoiles, avons décidé de briller pour vous, les Terriens, pendant encore mille ans!

— **Galactique!** Merci, Espiègle.

Table des matières

LE PLUS DE
Plus

Réalisation :
Geneviève Mativat

Une idée de
Jean-Bernard Jobin
et Alfred Ouellet

Avant la lecture

L'apprenti astronome

L'histoire que tu vas lire est parsemée de mots que les astronomes connaissent bien. Les astronomes sont des savants qui étudient les étoiles. Joue les apprentis astronomes et relie les mots suivants à la bonne définition.

a. La Voie lactée (n. f.)
b. La planète bleue (n. f.)
c. Saturne (n. p.)
d. Une étoile filante (n. f.)
e. Un météorite (n. m. ou f.)

1. Fragment de matière solide qui vient de l'espace et s'écrase sur la Terre.
2. Planète qui est célèbre pour ses anneaux.
3. C'est le surnom que l'on donne à la Terre parce que sa surface est en grande partie couverte d'eau.
4. Poussière cosmique qui brûle dans le ciel en laissant une traînée de lumière.
5. Elle ressemble à un tourbillon laiteux.

Le voilier

L'histoire que tu vas lire se déroule en partie sur un voilier. Connais-tu ce genre de bateau ? Mets tes connaissances à l'épreuve en tentant d'identifier chacune des parties du schéma ci-dessous.

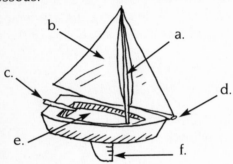

1. Le **cockpit**. C'est l'endroit où s'installent les marins.
2. La **dérive**. Elle permet au bateau de naviguer droit en résistant aux courants contraires.
3. La **bosse d'amarrage**. Elle permet d'attacher le bateau et de l'immobiliser dans le port.
4. La **barre**. Elle permet de diriger le voilier. Sur certains voiliers, elle ressemble à une roue.
5. Le **mât**. Il sert à tenir les voiles.
6. La **grand-voile**. Le vent y souffle, ce qui permet au bateau d'avancer.

Minuit tapant l'an 2000

L'histoire que tu vas lire se déroule le 31 décembre 1999. Pour les héros, il ne reste que peu de temps avant l'an 2000. Sais-tu de quoi il s'agit?

La plupart des Chrétiens considèrent que l'année de la naissance du Christ correspond à l'an 0 de notre ère. Pendant longtemps, le nouvel an a été célébré le 25 décembre, soit le jour de la naissance de Jésus-Christ. Ce n'est qu'en l'an 532 que le début de l'année a été fixé au premier janvier.

janvier 2000

dim.	lun.	mar.	mer.	jeu.	ven.	sam.
						1
2	3	4	5	6	7	8
9	10	11	12	13	14	15
16	17	18	19	20	21	22
23	24	25	26	27	28	29
30	31					

Une vérification complète

Avant de partir en mer, un bon marin fait toujours une vérification complète de son équipement. Avant de commencer ta lecture, fais comme lui. Vérifie ton vocabulaire en associant la bonne définition à la bonne expression.

1. Y mettre du sien.
2. Le grand large.
3. Dormir d'un œil.
4. Se chevaucher.

a. C'est la mer, lorsqu'on ne voit plus la terre.
b. Dormir légèrement.
c. Participer activement à quelque chose.
d. Être l'un sur l'autre.

Au fil de la lecture

Journal de bord de Tommi

Tommi est un bon marin. Comme eux, il a un journal de bord où il décrit ses aventures. Dans la page ci-dessous, il a malheureusement fait une petite erreur, peux-tu la retrouver ?

Journal de bord

31 décembre 1999

Maman et moi venons de prendre la mer. Nous espérons rejoindre papa sur son île avant minuit et le nouvel an. J'ai très hâte de revoir papa et très envie d'être avec lui lorsque les dix coups sonneront à l'horloge et que l'an 2000 sera enfin là.

J'ai donc demandé à ma bonne étoile de veiller sur moi et maman pour que le voyage se passe bien. Le ciel brille tellement ce soir, je suis certain que mon étoile est là et qu'elle m'entend...

Tommi
premier matelot

As-tu bien compris?

Les étoiles, dans l'histoire que tu viens de lire, sont dans tous leurs états. As-tu bien compris ce qui leur arrive?

1. Qui est la cheftaine des étoiles?
   a. La fée des étoiles.
   b. Stella.
   c. La troisième lune de Jupiter.
2. Que font les étoiles tous les 31 janvier?
   a. Elles se réunissent en congrès.
   b. Elles font du vélo sur les anneaux de Saturne.
   c. Elles admirent la Terre.
3. Quelle est la proposition d'Étoile Noire pour l'an 2000?
   a. Nettoyer le ciel de tous les satellites.
   b. Que les étoiles se cachent au fond de la mer.
   c. Que les étoiles forment une chorale.
4. Quelle menace fait Étoile Noire?
   a. Elle menace de faire la danse de la pluie.
   b. Elle menace de quitter sa constellation.
   c. Elle menace de se faire exploser.
5. Quelle étoile devient la marraine de Tommi?
   a. Espiègle.
   b. L'étoile du Nord.
   c. La petite étoile du matin.

Des mots au vent

Le vent s'est levé. Certaines phrases du texte en ont souffert. Elles sont comme des bateaux broyés par la tempête. Peux-tu en rassembler les morceaux?

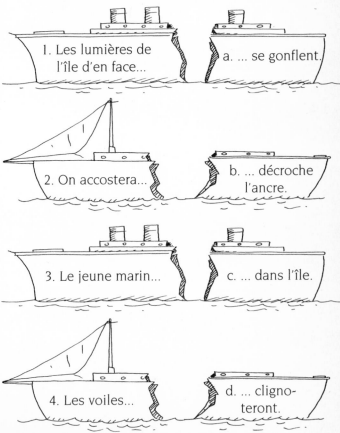

1. Les lumières de l'île d'en face...

a. ... se gonflent.

2. On accostera...

b. ... décroche l'ancre.

3. Le jeune marin...

c. ... dans l'île.

4. Les voiles...

d. ... cligno-teront.

Après la lecture

La tête dans les étoiles

Au fil de l'histoire que tu as lue, tu as rencontré toutes sortes d'étoiles qui parlent et sont bien vivantes. Du haut du ciel, elles regardent les humains qui vivent sur la Terre. As-tu déjà pris le temps de regarder les étoiles ? Sais-tu qu'il existe beaucoup de légendes à leur sujet ?

En **Nouvelle-Guinée**, on raconte que les étoiles sont de petites créatures de la forêt qui se sont réfugiées dans le ciel pour ne pas êtres capturées par l'homme.

En **Estonie**, on dit que les étoiles sont le voile de mariée de Lindu, la déesse des oiseaux.

Au **Canada**, les Algonquins racontent qu'un héros fabuleux nommé Tshakapesh habite la lune et que sa sœur est une étoile. Quant aux Wendats, ils disent qu'il y a dans le ciel toutes sortes d'animaux qui y sont montés en suivant l'arc-en-ciel.

Sais-tu compter jusqu'à l'an 2000 ?

Dans l'histoire que tu as lue, la Terre et les étoiles se préparent à célébrer l'an 2000. Sais-tu ce que représentent deux mille ans ? À l'aide du tableau suivant, repère les énoncés qui sont faux dans la liste qui suit.

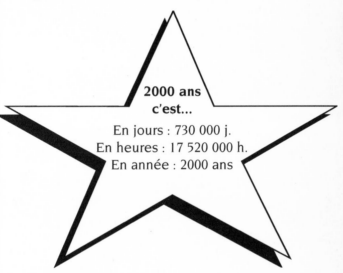

2000 ans c'est...
En jours : 730 000 j.
En heures : 17 520 000 h.
En année : 2000 ans

Donc 2000 ans c'est :

1. Plus d'un million d'heures.
2. Moins d'un million de jours.
3. Moins d'années que de jours.
4. Moins d'heures que de jours.
5. Plus d'heures que de jours.

Ces petits bateaux qui vont sur l'eau

Dans le texte, on dit que Tommi et sa mère sont sur un voilier. Connais-tu les bateaux? Saurais-tu dire à quoi ressemble un voilier? Pour le savoir, regarde les images ci-dessous et essaie de les associer au bon nom.

1. un trois-mâts
2. un paquebot
3. un canot
4. une gondole
5. un remorqueur
6. une péniche

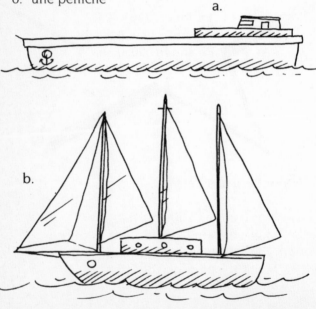

a.

b.

c.

d.

e.

f.

Entre le ciel et la mer

Dans l'histoire que tu as lue, il est à la fois question de bateaux et d'étoiles. Marins et astronomes font leur travail à l'aide de différents instruments. Pour chacun de ces métiers, associe le bon instrument à la bonne définition.

Le marin

1. la bouée
2. le phare
3. la boussole

a. Permet de ne pas perdre le nord.
b. Objet flottant qui signale l'emplacement d'un obstacle.
c. Sert de repère durant la nuit.

L'astronome

1. le radiotélescope
2. le télescope
3. la carte du ciel

a. Permet de voir les étoiles.
b. Permet d'écouter les sons en provenance de l'espace.
c. Permet de localiser les étoiles.

Le temps d'une valse cosmique

Comme tu as pu le constater, le petit monde d'Espiègle est bien agité. Tout bouge dans le cosmos. On sait qu'une année s'est écoulée lorsque la Terre a fait un tour complet autour du Soleil. En sachant cela, associe le bon nombre de tours avec la bonne mesure de temps.

1. un siècle
2. un millénaire
3. un demi-siècle
4. une décennie
5. un quart de siècle

a. 25 tours
b. 10 tours
c. 100 tours
d. 1000 tours
e. 50 tours

Solutions

Avant la lecture

L'apprenti astronome
1. e; 2. c; 3. b; 4. d; 5. a.

Le voilier
1. e; 2. f; 3. d; 4. c; 5. a; 6. b.

Une vérification complète
1. c; 2. a; 3. b; 4. d.

Au fil de la lecture

Journal de bord de Tommi
À minuit l'horloge sonne douze coups (et non dix).

As-tu bien compris ?
1. b; 2. a; 3. a; 4. c; 5. a.

Des mots au vent
1. d; 2. c; 3. b; 4. a.

Après la lecture

Sais-tu compter jusqu'à l'an 2000 ?
L'énoncé 4 est faux.

Ces petits bateaux qui vont sur l'eau
1. b; 2. d; 3. c; 4. e; 5. f; 6. a.

Entre le ciel et la mer
Le marin : 1. b; 2. c; 3. a.
L'astronome : 1. b; 2. a; 3. c.

Le temps d'une valse cosmique
1. c; 2. d; 3. e; 4. b; 5. a.

Dans la même collection

* Texte également enregistré sur cassette.